AF257667

BEAUMARCHAIS

ET

LA COMÉDIE ESPAGNOLE

CONFÉRENCE

Faite à l'ancienne loge de Mer de Perpignan

le 15 février 1867

PAR

Ch. REVILLOUT

Professeur suppléant de littérature française, à la Faculté des lettres
de Montpellier

MONTPELLIER

IMPRIMERIE TYPOGRAPHIQUE DE GRAS

1867

[illegible]

[illegible]

CONFÉRENCE

[illegible]

BEAUMARCHAIS

ET

LA COMÉDIE ESPAGNOLE

CONFÉRENCE
Faite à l'ancienne loge de Mer de Perpignan
le 15 février 1867

PAR

Ch. REVILLOUT

Professeur suppléant de littérature française, à la Faculté des lettres
de Montpellier

MONTPELLIER

IMPRIMERIE TYPOGRAPHIQUE DE GRAS
1867

BEAUMARCHAIS

ET

LA COMÉDIE ESPAGNOLE

Messieurs,

Permettez-moi de vous témoigner tout d'abord l'émotion profonde et légitime que j'éprouve en prenant la parole au milieu de vous. Je n'ai point à vous entretenir d'un compatriote glorieux, l'honneur du Roussillon et de la France, l'apôtre puissant et lumineux des vérités scientifiques. Je ne viens pas non plus raviver au fond de vos cœurs les souvenirs de vos pères, ces souvenirs chers et douloureux tout ensemble, qui vous rendent le présent si précieux.

Mais, si l'écrivain dont je veux étudier ce soir les deux œuvres principales n'appartient pas à votre belle province, il ne saurait être étranger parmi vous, puisqu'il représente ce qu'il y a de plus original et de plus essentiel dans le caractère français : je veux dire l'esprit, la gaieté, la bonne humeur, mis au service des idées, et la légèreté de la forme couvrant et portant sans peine la gravité du fond. Vous avez vu souvent, par un beau jour d'automne, s'élever de vos campagnes, comme des flocons de neige, mais d'une neige qui remonterait vers le ciel, les blanches aigrettes de certaines plantes sauvages ; elles vont et viennent au gré du moindre souffle, et l'œil se lasse à les suivre dans leurs capricieuses évolutions. Mais cette chose légère entraîne avec elle un germe vivant, et les vents qui la ballottent et semblent se jouer d'elle sont, au contraire, ses serviteurs, et vont la jeter vers de lointaines régions, où la graine prendra racine. Cette chose légère, Messieurs, c'est l'esprit français ; il est frivole, dit-on, il semble aller à tout vent, rien ne peut le fixer ; il n'a ni force ni substance. Laissez dire ; ce véhicule frêle et délicat ne se perdra pas dans les airs et portera bien loin, plus loin qu'on ne voudrait peut-être, les idées dont il est chargé.

Est-il un type plus fidèle de cet esprit, à la fois si léger et si puissant, que l'auteur du *Barbier de Séville* et du *Mariage de Figaro*, « ce brillant écervelé » qui finissait, dit Voltaire, par avoir, au fond, raison contre tout le monde?

Il y a juste un siècle que se présentait au théâtre un auteur de trente-cinq ans, fort inconnu dans les lettres, mais très-répandu dans le monde, sans y avoir cependant aucune considération. Ce nouveau venu, c'était Pierre-Auguste Caron, fils d'un horloger de mérite, quelque temps horloger lui-même, et qui se faisait appeler, depuis qu'il avait acheté une petite charge à la cour et épousé une riche veuve, M. de Beaumarchais. Les femmes admiraient sa haute stature, sa taille svelte et bien prise, la régularité de ses traits, l'expression de ses yeux pleins de feu, la finesse de son sourire et son air conquérant et dominateur. Les hommes le détestaient. C'était tout simple; ce parvenu, subitement enrichi, fort en faveur et sans titre à la cour, était de plus très-vain et très-fat, et, suivant le témoignage d'un de ses amis intimes, avait, avec le cœur d'un honnête homme, le ton d'un bohême [1]. Avantageux à Versailles au milieu de

---

[1] M. d'Artily, dans une lettre écrite à Beaumarchais. Voir *Beaumarchais, sa vie, ses écrits et son temps*, par M. de Loménie, 2 vol. in-8°. C'est dans ce livre savant et consciencieux, fait à l'aide des papiers mêmes de Beaumarchais, qu'il faut étudier la vie agitée et l'influence de l'auteur du *Barbier*. J'y renvoie pour toutes les citations de Beaumarchais qui ne se trouveraient pas dans ses Œuvres complètes.

grands seigneurs qui l'écrasaient de leur naissance, mais qu'il étourdissait de son esprit, Beaumarchais l'était encore plus parmi les gens de lettres. Comme il se croyait né pour la bonne compagnie, il ne se retrouvait plus avec ses égaux au milieu des auteurs, et, l'impertinence du grand monde s'ajoutant à sa fatuité naturelle, il abordait la littérature avec le ton dégagé d'un homme qui a mieux à faire. « J'ai toujours été, » ne craignait il pas d'écrire en tête de la préface de » son premier drame, trop sérieusement occupé pour » chercher autre chose qu'un délassement dans les » lettres. *Neque semper arcum tendit Apollo.* »

Apollon, malgré cette modestie dédaigneuse, n'arrivait pas sans prétention dans la république des lettres : il comptait bien au contraire y faire son chemin à sa manière, comme il venait de le faire dans le monde. Le moment, du reste, était favorable, car le théâtre était en pleine décadence ; les écoliers des vieux maîtres n'amusaient plus le public, et jamais l'on n'avait vu tant de productions dramatiques et aussi peu de véritables succès. Voltaire, alors à Ferney, gémissait du fond de sa retraite sur cette chute de l'art ; mais, jaloux et chagrin comme une vieille coquette sur le retour, il y trouvait un secret plaisir, et, comme il était alors assez mal avec ses voisins, les ministres calvinistes, il disait, avec une malice à double adresse: « Le Théâtre-Français est désert comme les

prêchés de Genève. » Vainement, depuis quelques
années, les essais se succédaient pour renouveler
cet art qui se mourait de langueur ; les novateurs
avaient beau faire, ils ne ramenaient pas le public
ennuyé. Beaumarchais crut être plus heureux, et,
dans ses loisirs, il se mit à travailler pour le théâtre.
Il avait l'esprit net, décidé, prompt à agir, et la meil-
leure opinion de lui-même. « Vous me connaissez,
écrivait-il à son père avec une assurance qui ne
permettait pas le doute ; ce qu'il y a de plus étendu,
de plus élevé, n'est point étranger à ma tête ; elle
conçoit et embrasse avec beaucoup de facilité ce qui
ferait reculer une douzaine d'esprits ordinaires ou
indolents. » Avec une pareille confiance, on peut
échouer d'abord ; mais on s'impose, on se fait discu-
ter, et, quand la veine est heureuse, on arrive. Et
Beaumarchais devait parvenir, un jour ou l'autre,
car à la volonté qui fait entreprendre, il joignait le
talent qui fait réussir.

Comme Almaviva, mais d'une autre manière, il
n'avait eu que la peine de naître, et la nature libérale,
qui l'avait doué si largement de tant d'aptitudes
diverses, lui avait donné surtout le talent dramatique.
Mais, jusqu'en 1764, ce talent ne s'était point encore
révélé, et le jeune Caron n'avait employé son esprit
qu'à sortir de la foule obscure où il était perdu, et
passer, de l'humble boutique de son père, dans

laquelle il travaillait entre quatre vitraux , au grand jour de Versailles. En 1764 , une affaire de famille l'attire en Espagne : et c'est alors qu'il dut s'aviser qu'au nombre de ses talents divers il pouvait compter le génie comique. Du moins , avant de composer des drames , il en joue un lui-même, où se révèlent ses étonnantes dispositions pour l'intrigue et la mise en scène. Je veux parler de cet épisode, si connu , si charmant , si vivement conté de Clavijo, qui , du vivant même de Beaumarchais, a fourni à Gœthe le sujet d'un de ses plus beaux drames. Clavijo, garde général des archives de la couronne d'Espagne, a trompé la sœur de Beaumarchais et refuse d'exécuter des promesses solennelles, plusieurs fois renouvelées ; Beaumarchais accourt à Madrid , il va trouver le perfide , et, sans se faire connaître , cherche d'abord à gagner sa confiance, en le flattant sur ses succès littéraires. Mais laissons-le parler lui-même : « Il me caressait de l'œil, il avait le ton affectueux, » il parlait comme un ange et rayonnait de gloire et » de plaisir. »

Quand cet infidèle est ainsi pris par la vanité, Beaumarchais se met à lui raconter, en cachant les noms, l'histoire de sa sœur, sa propre arrivée en Espagne ; il le trouble, il l'inquiète ; puis il éclate, mais avec une passion qui se modère : « Ce frère, c'est » moi, qui ai tout quitté, patrie, devoirs, famille,

» état, plaisirs, pour venir venger en Espagne une
» sœur innocente et malheureuse ; c'est moi, qui
» viens armé du bon droit et de la fermeté, démas-
» quer un traître, écrire en traits de feu son âme sur
» son visage, et ce traître, c'est vous.

» Qu'on se forme le tableau de cet homme étonné,
» stupéfait de ma harangue, à qui la surprise ouvre
» la bouche et y fait expirer la parole glacée ; qu'on
» voie cette physionomie radieuse, épanouie sous
» mes éloges, se rembrunir par degrés, ses yeux
» s'éteindre, ses traits s'allonger, son teint se plom-
» ber. »

Ne reconnaissez-vous pas, Messieurs, dans ce
dialogue et dans ce récit les qualités dramatiques
qui feront plus tard la vogue du *Barbier de Séville* et
du *Mariage de Figaro ?* Aussi le *Journal du Voyage
d'Espagne*, destiné d'abord au demi-jour de la famille,
et publié dix ans après dans le procès Goëzman,
comme une pièce justificative, eut-il un grand succès
dans le cercle restreint des amis du jeune voyageur.
« Monsieur votre fils, écrivait au père Caron un
» certain abbé de Malespine, monsieur votre fils est
» un vrai héros. Je vois en lui l'homme le plus spiri-
» tuel, le frère le plus tendre ; l'honneur, la fermeté,
» tout brille dans son procédé vis-à-vis de Clavijo. Je
» verrai avec joie la suite d'une relation qui m'inté-
» resse tant. »

'' Ainsi Beaumarchais dut à l'Espagne le premier
éveil de son talent pour la comédie. C'est aussi dans
ce pays qu'il paraît s'être essayé, sinon déjà pour la
scène, au moins pour une sorte de représentation
publique. Né musicien, car le goût de la musique
était au nombre de ses merveilleuses aptitudes, il
entend sur les théâtres de Madrid des airs fort jolis,
fort tendres et fort délicats; mais « les paroles ne
valent pas le diable. » Beaumarchais se met à l'œu-
vre; il compose pour les *séguedilles* espagnoles des
vers analogues à la musique; il les chante dans les
soupers charmants que lui donnent les ambassadeurs
étrangers; on l'écoute, on l'admire, on l'accable pour
en composer encore, et voilà l'origine première du
Barbier de Séville, car cette amusante comédie n'était
d'abord qu'un opéra-bouffe destiné à faire valoir les
airs espagnols que Beaumarchais rapporta de son
voyage.

Mais il dut encore autre chose à l'Espagne. A
Madrid comme à Paris, le théâtre était en pleine
décadence. Deux reines d'origine italienne avaient
fait prévaloir à la cour l'opéra-comique sur les genres
nationaux, et Moratin l'Ancien, venant en aide à
Montiano, commençait sa croisade au nom de l'art
français, entre la tradition de Lope de Vega et de
Calderon. Mais vous savez, Messieurs, combien le
peuple espagnol est fidèle à ses usages, à ses goûts et

à ses mœurs, et combien il aime peu les modes et les importations étrangères. Il pousse cet éloignement bien loin, trop loin sans doute; mais c'est en admirant même outre mesure le génie de son pays, qu'on est une nation vivace, et, quoique cette antipathie excessive gêne et contrarie le progrès, j'aime, cependant, je l'avoue, cette fierté jalouse, et, pour appliquer aux peuples un vieux proverbe de notre chère France, il faut que le charbonnier soit maître dans sa maison.

Eh bien! Messieurs, en 1764, le peuple espagnol était encore fier de son vieux théâtre, passionné pour la poétique fécondité de Lope et le génie vigoureux de Calderon, et même pour les pauvres inventions de leurs derniers successeurs. « Les spectacles espagnols, écrivait Beaumarchais, sont de deux siècles au moins plus jeunes que les nôtres. » Et, comme il avait trop de cette fausse délicatesse que donnent les civilisations vieillies pour goûter la vigueur sauvage et la conception irrégulière de ces spectacles, il les déclare ennuyeux et insipides. Mais, en revanche, il se prend d'admiration pour les intermèdes en musique dont les Espagnols coupaient leurs actes et qu'ils appelaient *tonadillas* ou *saynètes*.

Vous n'ignorez pas, Messieurs, quel était le joyeux entrain, l'ébouriffante gaieté, la liberté presque sans limites de ces petites pièces qui duraient seulement quelques minutes , et servaient à relever l'attention des spectateurs fatiguée par les longues *journées* de la grande ; véritables farces, dont le sujet était généralement pris dans les mœurs et les folies des classes les plus humbles : mêlés de chants et de danses , ces intermèdes et la saynète, qui n'était à vrai dire que l'intermède final , la *bonne bouche* [1] destinée à renvoyer chez lui le spectateur en belle humeur , devaient naturellement attirer l'attention d'un homme aussi gai, aussi ardent que Beaumarchais. Le bruit, le mouvement, la chaleur , l'esprit , le fou rire et, disons-le, l'effronterie, l'insolence, l'absence de toute retenue qui caractérisaient ces petites pièces, tout ce tourbillon, en un mot, était bien fait pour le séduire et le charmer. Déjà, sans doute , au son de cette musique si jolie et si délicate , qu'il mettait immédiatement après la belle musique italienne et avant la nôtre, s'agitaient et babillaient dans sa tête ces figures brillantes qui devaient s'appeler Bartholo, Basile, Almaviva, Rosine et Figaro. Et lorsque dans la suite elles se représentèrent plus nettes et plus accentuées dans son imagination , elles s'y montrèrent encore avec des costumes et des noms espagnols, avec les libres allures et l'entrain étourdissant des intermèdes et des saynètes , telles qu'elles lui appa-

[1] C'est à peu près le sens du mot espagnol *sainette*.

rurent pour la première fois dans les théâtres castillans, à ces heures fantastiques où les créations du génie ne sont encore entrevues que sous le voile du rêve et de l'illusion.

Je sais bien que le patriotisme espagnol l'accusera d'avoir manqué de vraisemblance et de couleur locale. On lui fera des pointilleries de costume, on lui reprochera des hérésies de toilette. Il a représenté Figaro allant à l'heure précise où il doit faire ses barbes, dans les rues de Séville en habit de *majo*, avec une guitare en bandoulière et un crayon à la main ; mais un barbier qui tomberait dans une semblable folie serait chassé à coups de pierres par les enfants du quartier ; mais l'habit de *majo* n'est pas le costume propre de notre nation ; c'est, au contraire, le plus opposé à notre caractère grave et circonspect. Mais *Bartholo* est un petit nom de tendresse ou bien un diminutif méprisant : c'est une inconvenance très-coupable de le donner tout court à un grave docteur. Mais jamais deux valets galiciens ne se sont appelés la *Jeunesse* et l'*Éveillé* ; il aurait fallu les nommer Domingo ou Farrugo [1]. Les *mais* ne finiraient pas, et les *mais* auraient raison ; mais ces *mais*, si judicieux, si raisonnables, n'ont rien à faire ici. Tout le

[1] Voir *Teatro Hespañol*, par don Vicente Garcia de la Huerta, préfaces des tomes V et XIII, et M. de Loménie.

monde sait, et Beaumarchais lui-même a pris la peine de le dire, qu'il a composé sa comédie pour la France et non pour l'Espagne. « J'avais d'abord résolu » d'écrire et de faire jouer la pièce en espagnol, mais » un homme de goût m'a fait observer qu'elle en » perdrait peut-être un peu de sa gaieté pour le » public de Paris, raison qui m'a déterminé à l'écrire » en français. »

Néanmoins, tout en écrivant pour le public de Paris, il s'est souvenu de l'Espagne, et s'en est souvenu fort heureusement, car ces costumes, ces noms castillans, ces scènes de nuit, ces sérénades sous des fenêtres grillées, ces guitares en bandoulière, en un mot tout cet appareil étranger, nouveau pour notre théâtre, n'a pas été pour rien dans le succès de pièces éminemment françaises. — Peut-être, d'ailleurs, fallait-il à Beaumarchais avoir vu et goûté sur place la liberté, la fougue et la licence de la scène espagnole pour oser risquer ces qualités et ces défauts sur la scène française.

Et maintenant, Messieurs, que nous avons réglé les comptes de Beaumarchais avec la comédie castillane, quittons l'Espagne avec lui pour n'y plus revenir; car, s'il doit quelque chose à nos voisins, il est avant tout, suivant le mot d'un illustre Anglais de notre temps, M. Thomas Carlyle, un brillant spécimen de l'esprit français.

Je me hâte d'ajouter que ce brillant spécimen s'est produit dans une époque étrange, où le bien et le mal se mêlent et se rencontrent, non pas comme ils sont ordinairement dans le monde en état de lutte et d'hostilité, mais dans un alliage bizarre et souvent incompréhensible. Réunir tout ensemble la corruption la plus éhontée et l'amour de l'humanité, l'esprit de justice et la haine du Christ, le juste par excellence ; allier le culte de la raison avec le matérialisme le plus abject, le désir sincère du progrès, de la liberté, de la vérité, du bien-être social, avec le dédain des vertus et des principes qui chez tous les peuples et dans tous les temps ont assuré la possession de ces biens précieux, c'est, Messieurs, le spectacle inouï, étonnant, déconcertant, que présente la fin du XVIIIᵉ siècle. On veut en même temps tous les contraires. On déclare Dieu nécessaire, et l'on bafoue toutes les manifestations par lesquelles il se révèle à l'esprit humain ; on proclame que cette vie ne serait qu'une dérision, si elle n'était pas suivie d'une autre qui puisse en réparer les injustices et les misères, et l'on se joue avec l'idée que la dissolution du corps pourrait bien être notre seul avenir ; on parle de vertu, de sensibilité, de pudeur, et l'on ne craint pas de se plonger dans tous les vices.

Voilà, Messieurs, la société singulière dont Beaumarchais va devenir le peintre audacieux, mais fidèle.

Quelles mœurs et quels principes ! Faut-il s'étonner que, à ce spectacle affligeant, l'indignation vertueuse qui dictait autrefois à Juvénal ses mordantes hyperboles ait saisi l'âme passionnée du poëte Gilbert, qu'il ait désespéré de l'avenir, nié le progrès et voulu, dans les élans d'une sainte colère,

Fouetter d'un vers sanglant ces grands hommes d'un jour.

Est-il besoin de vous rappeler quel fut le sort du courageux satirique, et comment on accueillit sa vivante et sombre peinture ?

Pour prouver qu'il a tort, on le déclare un sot.

Et, quand il meurt à l'hôpital, on publie que c'était un furieux, et la rancune philosophique poursuit sa mémoire de ses ricanements et de ses colères. Il méritait mieux, pourtant, ce jeune et candide poëte, qui laissait à la vie et à ses amis absents ces mélancoliques et touchants adieux :

Salut, champs que j'aimais, et vous, douce verdure,
Et vous, riant exil des bois,
Ciel, pavillon de l'homme, admirable nature,
Salut pour la dernière fois !
Ah ! puissent voir longtemps votre beauté sacrée
Tant d'amis sourds à mes adieux !
Qu'ils meurent pleins de jours, que leur mort soit pleurée·
Qu'un ami leur ferme les yeux !

Mais les siècles ont, comme les individus, leur amour-propre ; ils n'aiment pas qu'on leur dise leurs vérités brutalement et avec aigreur, même quand on le fait en beaux vers, et je comprends que le XVIIIe siècle, légitimement fier, après tout, de ses lumières et de ses progrès, ait accueilli l'imprudent poëte avec colère.

Ce que Gilbert n'avait pu faire qu'en provoquant la haine et l'insulte, la peinture des vices sociaux, Beaumarchais va l'entreprendre aux applaudissements de cette société dont il raille et copie fidèlement les travers. Ces grands seigneurs, « libertins par ennui, jaloux par vanité, qui se sont donné la peine de naître et rien de plus ; ces grandes dames avec leurs vapeurs, mal de condition que l'on ne prend que dans les boudoirs ; avec cette aisance pour mentir que leur donne l'usage du grand monde » ; ces adolescents qui sont d'abord de charmants polissons en attendant qu'ils deviennent de détestables vauriens ; ces juges qui achètent leurs charges et qui considèrent les formes de la justice comme le patrimoine des tribunaux ; ces puissants qui font assez de bien quand ils ne font pas de mal ; ces agents de corruption qui ne croient pas qu'on puisse résister aux arguments irrésistibles qui sortent des poches, — il les mettra sur la scène, il s'en moquera sur tous les tons, à la grande joie de cette société corrompue, ainsi représentée. Et quand

2

il bernera ces grands seigneurs et vantera les vertus
des valets , ce seront, pour nous servir d'une expression triviale qu'il aime, des mains patriciennes qui
lui serviront de *battoirs*, tandis que, dans un coin de
a salle, quelque plébéien plus sage et plus clairvoyant
lrisquera peut-être de timides sifflets.

A la fin des saturnales, les esclaves antiques s'as-
seyaient à côté de leur maître et mêlaient leurs pro-
pos grossiers et leur joie brutale à ses débauches
raffinées ; mais l'insolente égalité ne durait qu'un
jour, et, quand l'année recommençait, le maître re-
prenait son fouet et son bâton, et les pauvres esclaves
courbaient le dos et baissaient la tête. Mais, pour
cette joyeuse aristocratie qui s'égayait ainsi des pro-
pos de Figaro, l'année qui remettait toutes les
choses à leur place ne devait plus revenir, et le valet
resté dans la salle du festin n'avait plus qu'à quitter
sa livrée, car il était désormais le maître.

Comment cette société, Messieurs, a-t-elle accepté
une pareille leçon? Vous l'expliquer, ce serait vous
dire comment les pouvoirs sont aveugles et comment
ils se perdent. J'aime mieux vous raconter comment
Beaumarchais devint assez puissant pour oser tout
dire en plein théâtre, et comment Figaro parvint à se
mettre sur un pied d'égalité dans la maison d'Almaviva.

Beaumarchais est, sans doute, une vaillante et

forte nature, et sa devise : « Ma vie est un combat »,
peint bien ce génie remuant et batailleur. Mais il était
fait surtout pour réussir dans un temps de décadence
sociale et de progrès intellectuel comme était la fin
du XVIIIe siècle. Partout pour le mérite roturier des
obstacles, des inégalités choquantes et ridicules ;
partout, permettez-moi l'expression vulgaire, des
bâtons dans les roues ; nulle part de barrière solide et
de borne infranchissable. Beaumarchais était fait pour
lutter contre ces petites choses et pour en triompher.
Jamais fâché, toujours en belle humeur, riant de
tout, donnant le présent à la joie ou à l'action,
s'inquiétant de l'avenir tout aussi peu que du passé,
sémillant, généreux comme un seigneur, il était surtout né pour l'intrigue. « Deux, trois, quatre à la
» fois, bien embrouillées, qui se croisent, j'étais fait
» pour être courtisan », fait-il dire à Figaro, et Figaro
c'est lui-même. Comme son personnage, « il taille à
ses adversaires leur morceau à la journée » ; il les
déroute, il les empêche de prendre un parti et les
force de se rendre au moment décisif. Il intéresse à
son succès tout le monde, jusqu'à la vanité des sots,
jusqu'à la timidité des gens modestes qui craignent
de se trouver dans son tourbillon, et il arrive ordinairement à ses fins malgré toutes les prévisions
contraires. Au reste, aventureux et téméraire, « pares-
seux comme un âne et travaillant toujours », il se

jette au milieu de toutes les entreprises à la fois , les affaires d'argent et les intrigues diplomatiques, le procès Goëzman et la guerre d'Amérique, la pompe à feu de Chaillot et la construction d'une maison « dont tout Paris s'entretient » ; la réformation de nos finances et celle du théâtre ; il conduit tous ces projets à la fois , réussit dans les uns , échoue dans les autres ; et, toujours supérieur à la fortune, ne perd jamais son intarissable bonne humeur.

C'est avec ces qualités qu'il se pousse à la cour et devient d'abord nécessaire à Mesdames de France, les filles de Louis XV. Sur la recommandation de ces princesses, Duverney, le dernier des frères Pâris, les grands financiers du XVIIIᵉ siècle, l'intéresse à ses affaires et lui procure des bénéfices considérables. Le voilà riche, plus riche bientôt à lui seul que ne le sont ensemble M. de Voltaire et M. de Buffon, les mieux rentés de tous les beaux esprits. Le voilà noble ; car il achète la noblesse, et qu'on se garde bien de douter de sa qualité : il en a la quittance. La source de sa fortune est honnête [1] , mais des circonstances faites exprès pour lui la rendent suspecte. Mille bruits odieux se répandent et préviennent presque tous les esprits. Beaumarchais ne baisse pas la tête , et, quand on lui reproche une réputation détestable , il répond

[1]. Voir sur ce point les preuves données par M. de Loménie

hardiment comme Figaro : « Et si je vaux mieux
» qu'elle ? » Seulement il prendra sa revanche contre
la calomnie, et lui réserve dans le *Barbier de Séville*
une de ses plus spirituelles tirades : « Elle s'élance,
» étend son vol, tourbillonne, enveloppe, arrache,
» entraîne, éclate et tonne, et devient, grâce au Ciel,
» un cri général, un *crescendo* public, un *chorus*
» universel de haine et de proscription. Qui diable y
» résisterait ? »

Qui diable y résisterait ? Mais Beaumarchais lui-
même. Il le fit bien voir dans le procès Goëzman et
le procès La Blache, quand, *blâmé* par le Parlement,
il sut intéresser à sa cause la nation tout entière ;
« la nation qui n'est pas assise, il est vrai, sur les
» bancs de ceux qui prononcent, mais dont l'œil
» majestueux plane sur l'assemblée. »

Et, comme il s'impose à la cour, il s'impose aux
lettres. Il se fourvoie d'abord à la suite de Diderot,
qu'il admire, dans le drame sérieux, et donne *Eugénie*,
roman dialogué, tiré du *Diable boiteux*, de Le Sage.
C'est une jeune fille, trompée par un faux mariage,
héroïne de vertu, que tout le monde accable, son
père, son amant, sa tante, son frère, et qui ne tire
sa force que d'elle-même. Beaumarchais, dans ce
genre indécis d'où sortira peut-être le drame moderne,
n'obtient qu'un succès vivement contesté. Ce qui ne
l'empêche pas de tenir tête à la critique, d'imprimer

une apologie du drame sérieux plus vive et plus spirituelle que concluante, et de donner les *Deux Amis*.
Cette fois la chute est complète ; ses deux financiers
de Lyon, qui pendant cinq longs actes ne parlent
qu'argent, que traites, qu'opérations de caisse, n'in-
téressent personne, pas même les financiers ; les
quolibets, les jeux de mots, les quatrains méchants,
pleuvent à verse sur le malencontreux auteur. « M. de
» Beaumarchais n'a ni génie, ni talent ; il n'a pas
» l'ombre de naturel, il ne sait pas écrire, il n'entend
» pas le théâtre, il ordonne son drame à faire pitié,
» ses personnages entrent et sortent sans savoir com-
» ment ni pourquoi ; il n'a qu'à se louer de l'indul-
» gence de ses juges, qui ont bien voulu bâiller tout
» bas quand ils pouvaient siffler tout haut. » Ainsi
parle Grimm[1].

Après cette exécution dans les formes, il ne reste
plus qu'à enterrer le pauvre auteur. Un critique bel
esprit du temps, Palissot, qui s'entend assez bien
au métier, se charge de la sépulture et fait pour le
mort cette injurieuse et méprisante épitaphe :

> Beaumarchais, trop obscur pour être intéressant,
> De son dieu Diderot n'est qu'un singe impuissant.

Mais attendons la fin. L'année même où tombent les
Deux Amis, Pâris-Duverney meurt ; son héritier, le

<hr>

[1] *Corresp. litt.*, t. I, p. 23.

comte de La Blache, intente à Beaumarchais un procès qui doit à la fois le ruiner et le déshonorer ; le Parlement Maupeou donne gain de cause à l'agresseur , et, pour achever le plaideur malheureux , l'un de ses juges, le conseiller Goëzman, l'accuse de séduction et de calomnie. Tout autre eût été sans doute accablé. Mais Beaumarchais ne sait pas céder à l'orage ; il prend la plume, et cet homme, qui n'a ni génie , ni talent, cet homme qui ne sait pas écrire, étonne, amuse et ravit la France et l'Europe , par sa vigueur, sa vivacité, sa souplesse et sa présence d'esprit. Il a deux , quatre , cinq adversaires ; il fait face à tous , les renverse tous. A vous, monsieur Goëzman : « Si je dois être dénoncé comme ayant voulu » corrompre un juge incorruptible et calomnier un » homme incalomniable , suprème Providence !... que » mon dénonciateur soit un homme de peu de cer- » velle ; qu'il soit faux et faussaire... Fais , ô mon » maître , que celui qui veut me perdre se trompe sur » moi, me croie un homme sans force et s'abuse dans » ses moyens. »

A vous, madame Goëzman : « S'il se donne un com- » plice, que ce soit une femme de peu de sens ; si » elle est interrogée, qu'elle se coupe, avoue, nie ce » qu'elle a avoué , y revienne encore...» — Et, quand il a terrassé ses deux principaux adversaires , il s'attaque aux trois autres.

« S'il est écrit que quelque intrus doive s'im-
» miscer dans cette horrible affaire..., je désirerais
» que cet homme fût un esprit gauche et lourd...;
» qu'infidèle à ses amis, ingrat à ses protecteurs,
» odieux aux auteurs dans ses censures, nauséabond
» aux lecteurs dans ses écritures, terrible aux emprun-
» teurs dans ses usures... il fût tel enfin dans l'opi-
» nion des hommes qu'il suffît d'être accusé par lui
» pour être présumé honnête ; son protégé, pour être
» à bon droit suspecté... donne-moi *Marin*.

» Si cet intrus doit suborner un autre témoin dans
» cette affaire, j'oserais demander que cet autre
» *argouzin* fût un cerveau fumeux, un capitan sans
» caractère, girouette à tous les vents de la cupidité,
» pauvre hère, qui, voulant jouer dix rôles à la fois,
» dénué de sens pour en soutenir un seul, allât, dans
» la nuit d'une intrigue obscure, se brûler à toutes
» les chandelles, en croyant s'approcher du soleil...
» donne-moi *Bertrand*.

» Et, si quelque auteur infortuné doit servir un jour
» de conseiller à cette ambassade, j'oserais supplier
» la divine Providence de permettre qu'il y remplît
» un rôle si pitoyable que, bouffi de colère, et tout
» rouge de honte, il fût réduit à se faire lui-même
» tous les reproches que la pitié me ferait supprimer...
» donne-moi *Baculard*. »

Ce lutteur invincible, qui d'une réclamation de

quinze louis a fait le procès le plus retentissant, le plus
attrayant de l'Europe, et d'une question où son hon-
néur et son intérêt paraissaient seuls engagés, l'affaire
de la nation tout entière, arrache au vieux Voltaire
un cri de surprise et d'admiration : « Il se bat contre
» dix ou douze personnes à la fois et les renverse
» comme Arlequin sauvage renversait une escouade
» du guet.... Jamais rien ne m'a fait plus d'impres-
» sion : il n'y a point de comédie plus plaisante,
» point de tragédie plus attendrissante, point d'his-
» toire mieux contée et surtout point d'affaire épi-
» neuse mieux éclaircie. » Et le roi Voltaire fait à ce
nouveau venu l'honneur d'un être jaloux et se demande
avec inquiétude, s'il ne fallait pas encore plus d'esprit pour faire *Zaïre* et *Mérope* que le quatrième
mémoire contre M. Goëzman.

Voilà désormais Beaumarchais parvenu dans les
lettres, en possession de tout oser et de tout écrire.

Il a renoncé, mais non pour toujours, car il y
reviendra dans la *Mère coupable*, à l'imitation de Diderot ; il retourne à la comédie d'intrigue, à la comédie
de Molière, ou, pour mieux dire, aux inspirations de
son voyage d'Espagne, et présente au théâtre le *Barbier de Séville*. Le sujet n'est pas neuf assurément :
c'est l'éternelle histoire du vieux tuteur, avare et
amoureux, et de la jeune pupille qui le hait à la mort.
Le docteur Bartholo tient en prison, sous bonne grille,

la charmante Rosine, dont il veut faire sa femme ; mais le comte Almaviva a rencontré la belle Andalouse à Madrid, il la suit à Séville, et, grâce aux habiles manœuvres de Figaro, grâce à Rosine aussi, le beau Lindor épouse à la barbe du vieillard cette jolie pupille si difficile à garder. Bartholo signe au contrat, trop heureux de conserver la dot en perdant la femme. Mais ce thème usé du vieux théâtre est rajeuni par les ingénieuses combinaisons des incidents et des situations, par la gaieté des détails, par la vivacité piquante du dialogue et surtout par le rôle tout nouveau de Figaro. Où plus tard Rossini ne mettra guère que la joie éclatante, le rire sonore, la folle et mélodieuse ivresse de la jeunesse et de l'amour, Beaumarchais, plus critique et plus amer, Beaumarchais qui, pour avoir trop lutté contre les hommes, n'a plus d'illusions, jette en outre l'intrigue, la discussion, la diatribe, et, pour nous servir d'une heureuse expression du poëte Gilbert, après avoir dans ses procès mis le mémoire en drame, il met dans ses comédies le drame en mémoire. Aussi la représentation du *Barbier de Séville* est-elle arrêtée par ordre supérieur, le jour même où l'on avait déjà posé les affiches.

Beaumarchais se résigne, il sait que ce retard centuple l'impatience ; il part pour l'Angleterre où l'appelle une mission secrète. A son retour, on vient

presque au-devant de lui, et le *Barbier de Séville*
paraît enfin sur le théâtre le 23 février 1775. Il tombe,
et l'auteur aurait dû s'y attendre, car, trop sûr de
lui-même et de son importance, il a gâté sa pièce en
la divisant en cinq actes, en multipliant au delà
de toute mesure les allusions, les maximes philoso-
phiques et les trivialités. Mais il n'est pas fait pour res-
ter sur un échec; il réduit sa comédie à quatre actes,
ce qui fit dire qu'il s'était mis en quatre pour satis-
faire le parterre, en retranche ce que les spectateurs
avaient trouvé trop fort, et, quatre jours après, le 27
février 1775, la pièce se relève au milieu des applaudissements et des bravos, et tout Paris ne veut plus
entendre parler que du *Barbier de Séville*.

Rosine, devenue comtesse, perd bientôt tout son
charme aux yeux de son époux; elle languit triste et
délaissée, tandis qu'Almaviva promène partout ses
volages amours. Bientôt las de courtiser les beautés du
voisinage, il veut séduire Suzanne, la cámériste
enjouée de Rosine, l'aimable fiancée de Figaro.
Naturellement Figaro veut défendre ses droits, et,
comme il a le génie de l'intrigue, il s'acharne, avec
une joie d'artiste, à ce nouveau combat. Il ne lui
suffit pas de se défendre, il attaque, excite dans l'esprit du comte une jalousie féroce contre le jeune
Chérubin, bel adolescent, plus joli qu'une femme,
plus fripon même qu'un page, trouble Almaviva, le

déroute sans cesse, lui ménage humiliations sur
humiliations, colères sur colères, et finit par épouser
Suzanne. Cette lutte du maître et du valet, remplie
d'incidents bouffons et de surprises divertissantes, et
terminée par la confusion du maître et le triomphe du
valet, c'est la *Folle Journée*, le *Mariage de Figaro*.

Ce qu'il y avait de passion vraie, de douleur poi-
gnante dans la situation d'un homme dévoré de
jalousie et possédé par une passion criminelle, d'une
femme dédaignée et délaissée qui n'est pas entière-
ment maîtresse de ses sentiments, d'un adolescent
impétueux qui sent bouillonner en lui des ardeurs
inconnues, d'un valet enfin qui veut défendre sa
fiancée, Beaumarchais connaissait assez la nature
humaine pour le comprendre et le saisir. Mais, pour
le peindre complétement, il lui manquait deux choses :
un cœur plus pur et moins flétri par les déceptions de
la vie, un esprit plus candide et moins critique. Seul,
Mozart, le musicien inspiré, que l'élévation de son
âme poussait toujours en haut vers les pures régions
de l'idéal et de la lumière, pouvait deviner la poésie
des *Noces* et nous donner un Almaviva vaillant et terrible dans les élans de sa fureur et dans les transports
de sa jalousie, une comtesse sentimentale et mélan-
colique, mais noble comme une grande dame, un
Cherubino d'Amore ivre de plaisir parce que la nature
est charmante et que la jeunesse est une belle chose.

Ne demandez pas à Beaumarchais tant de grâce et
tant de poésie ; il veut sans doute, il sait peindre la
nature humaine, mais il veut aussi représenter une
société vicieuse, faire un pamphlet en même temps
qu'une comédie ; et la satire lui fait souvent oublier
le drame. Puis ne faut-il pas qu'il se mette en scène,
qu'il se glorifie dans la personne de Figaro, comme,
plus tard, quand il voudra régénérer l'opéra, il se glo-
rifiera dans Tarare [1].

On comprend alors qu'une pièce aussi personnelle,
aussi critique, ait paru dangereuse et immorale ; que
le garde des sceaux ait voulu l'interdire, et que le roi
Louis XVI en ait défendu la représentation. Mais
Beaumarchais saura vaincre tous les obstacles. Il
colporte son *Mariage* dans les salons, en parle sans
cesse, le fait approuver par les princes étrangers,
et donne à tous le désir de le connaître et de le voir
monter sur un théâtre. Le désir, comme la calomnie,
grossit et s'enfle, devient un *crescendo* d'impatience,
un *chorus* de curiosité, et, le comte de Vaudreuil, un,

---

[1] « Il voulut régénérer le genre de l'opéra, et d'ennuyeux
» le rendre amusant... Il fit *Tarare*, qui, tout bizarre qu'il
» était, ne changea rien et laissa l'opéra ennuyeux comme
» devant. » (M. Saint-Marc Girardin, *Notice sur Beaumarchais*, en tête de l'édition Didot). Le caractère littéraire et
politique de Tarare est admirablement apprécié dans cette
savante et spirituelle notice, à laquelle il faut revenir pour
comprendre et saisir l'originalité de Beaumarchais, « ce
novateur non-seulement en paroles », mais en action.

des courtisans en faveur, ayant d'abord fait jouer la *Folle Journée* par les acteurs de la Comédie-Française, dans sa maison de Genevilliers, il faut enfin la donner au vrai public. La pièce est jouée. Avec quel succès les mémoires du temps l'attestent ! Le jour de la représentation, Beaumarchais reçoit en une heure quarante lettres qui lui demandent des billets d'auteur ; la duchesse de Bourbon envoie dès le matin ses valets de pied au guichet, des femmes de qualité s'enferment toute la journée dans les loges des actrices pour pouvoir entrer des premières, les cordons bleus se coudoient et se pressent avec les Savoyards ; les portes sont enfoncées, les grilles de fer tordues et brisées, et l'auteur ne peut s'empêcher de dire : « Il y a quelque chose de plus fou que ma pièce, c'est le succès. » Le succès était pourtant naturel ; cette aristocratie blasée, toujours en quête de nouveaux plaisirs, trouvait charmant de se divertir au tableau spirituel de ses mœurs et de ses principes : et, quant aux bourgeois, il était tout simple qu'ils vissent avec une joie maligne cette peinture si naïve et si hardie, qu'ils entendissent avec bonheur ces étourdissants sarcasmes contre les grands, contre les ministres, contre tous les abus du régime absolu. La *Folle Journée*, c'était la fête du tiers-état, et Beaumarchais, en brisant les vitres, ne faisait que montrer à tous les yeux ce qu'on imprimait depuis dix ans dans

lés livrés, ce que l'on commençait à dire dans les jour-
naux.

Aujourd'hui tous ces abus sont disparus, et les
bbns mots de Figaro ont perdu le mérite de l'à-propos.
Pourquoi le *Barbier de Séville* et les *Noces* nous char-
ment-ils encore ? Il y a pourtant bien des défauts
dans ces deux pièces. Je ne parle pas de l'indécence,
du mauvais ton, du mauvais goût, des quolibets, des
rébus, du mélange bizarre de la recherche et du naturel, de l'emphase et de la simplicité ; le public aime
qu'on l'amuse ; il n'est pas trop difficile sur la qualité
du plaisir qu'on lui donne pourvu qu'on le fasse rire,
et, d'ailleurs, depuis quatre-vingts ans, il a tant vu
de choses sur le théâtre, qu'il ne fait plus attention à
ces misères. Mais le *Barbier* et surtout le *Mariage* sont
pleins d'invraisemblances grossières ; mais Beaumarchais a la manie de se montrer toujours derrière ses
personnages et de paraître là où naturellement il n'a
point de place. Il est là quand Chérubin lutine
Suzanne, et c'est lui qui souffle au joli page cette
phrase alambiquée : « Tandis que le souvenir de ta
» belle maîtresse attristera tous mes moments, le
» tien y versera le seul rayon de joie qui puisse amu-
» ser mon cœur. » Auparavant il s'est jeté fort
étourdiment entre Figaro et Rosine, et quand la
jeune personne, en remettant une lettre pour Lindor,
a dit avec une naïveté charmante : « Dites-lui bien

» que c'est par pure amitié tout ce que je fais; je
» crains seulement que, rebuté par les difficultés... » ;
c'est lui qui répond sentencieusement, « le vent qui
» éteint une lumière allume un brasier. » Enfin, si le
Barbier de Séville est bien conçu, si l'intérêt croît
d'acte en acte et si le dénoûment arrive fort heureusement au dernier, il en est autrement du *Mariage*;
l'intrigue languit, l'intérêt ne se soutient que par la
curiosité, et les deux derniers actes sont sensible-
ment inférieurs aux deux premiers, merveilleux de
mouvement et de folle gaieté.

Toutes ces critiques sont justes, elles ne sont pas
les seules, et pourtant les deux pièces vivent et
vivront toujours. C'est qu'elles renferment quelque
chose qui fait passer sur tous ces défauts: c'est l'esprit qui les anime d'un bout à l'autre, la vivacité de ce
dialogue plein de saillies, l'entrain de tous ces personnages, leur joie étourdissante et communicative,
leur rire franc et bruyant qui chasse au loin toute
mélancolie. C'est mieux encore, c'est la vérité, le
naturel de ces personnages. Empruntés à une société
bien morte, ils ne sont pas évanouis comme elle; ils
vivent dans la nôtre, sous d'autres costumes, il est
vrai, et peut-être avec moins d'esprit et de finesse.
Almaviva n'est pas grand d'Espagne, il n'a pas de
vassaux, pas même de vassales; il ne rend pas la
justice dans son château d'Aguas-Frescas, mais il

court après le plaisir, il abuse de son rang et de sa
fortune pour séduire Suzanne. On dit que les tuteurs
farouches comme Bartholo sont rares dans un temps
où l'on ne se marie plus à huis clos, et Rosine est
peut-être la dernière des Agnès ; mais l'on rencontre
encore des épouses délaissées, pleines de langueur et
de sensibilité, comme la comtesse, et des adolescents
qui n'osent oser, comme Chérubin. Basile n'a pas
cessé de calomnier et d'aller se coucher quand on a
besoin qu'il ait la fièvre, et, si Brid'Oison n'achète
plus sa charge, il est quelquefois bienheureux qu'on
la lui donne. A la vérité, Figaro n'a plus lieu de se
plaindre ; la science et les calculs qu'il déployait autrefois pour subsister peuvent aujourd'hui le conduire à
gouverner les Espagnes ; mais il y a toujours des abus
dans le meilleur des mondes possibles, et sa verve
aura toujours à s'exercer pour tenir, ainsi que le dit
si bien M. Nisard, les sociétés en défiance et les
gouvernements en haleine [1].

Seulement, Messieurs, quand on va, comme nous
le voyons faire, au devant de ce qui est utile et libé-
ral, qu'on étudie les besoins du peuple, qu'on veut
instruire les classes laborieuses et donner à tous, non-
seulement les moyens de subsister, mais encore ceux
de parvenir où leur intelligence et Dieu les appellent,

[1] *Histoire de la littérature française*, t. IV. p. 262.

les pointes de Figaro s'émoussent et la raison n'a plus besoin qu'on lui fasse grâce en faveur du badinage.

Je serais fier, Messieurs, si j'avais pu, comme mes collègues, servir, pour ma faible part, ces intentions généreuses, et si vous tiriez quelque instruction et quelque agrément de cette étude incomplète. Quant à moi, je remporterai de cette soirée un sentiment de vive reconnaissance, et je considérerai comme un des meilleurs souvenirs de mon enseignement l'heureuse occasion que vous m'avez fournie de parler de l'esprit français devant une population si sensible aux plaisirs de l'intelligence et si justement fière d'avoir accru par les services et le génie de ses enfants le patrimoine commun de la grandeur et de la gloire nationales.

Montpellier, impr. Gras.

9 782013 380829